जिस उम्मीद से निकला

(कविता-संग्रह)

जिस उम्मीद से निकला

डॉ. लहरी राम मीणा

भारतीय ज्ञानपीठ

पहला संस्करण : 2020
दूसरा संस्करण : 2022

लोकोदय ग्रन्थमाला : ग्रन्थांक 1425

ISBN : 978-93-87919-78-5

जिस उम्मीद से निकला
(कविता-संग्रह)
डॉ. लहरी राम मीणा

JIS UMMID SE NIKLA
(Poetry Collection)
by Dr. Lehari Ram Meena

Published by
Bharatiya Jnanpith
in an arrangement with
Vani Prakashan
4695, 21-A, Daryaganj, New Delhi-110 002
Ph.: 011-23273167/23275710
e-mail: sales@vaniprakashan.in

मुद्रक : आर. टेक ऑफ़सेट प्रिंटर्स, दिल्ली-110 032

Second Edition : 2022

Price: INR. 295

यह पुस्तक उन समस्त विभूतियों और आत्मीय जनों को जिन्होंने आजीवन मेरी सफलता-असफलता में मार्गदर्शक, प्रोत्साहक और प्रेरक की महत्त्वपूर्ण भूमिका निभाई।

भूमिका
सहजता का सौंदर्य और सादगी की आभा भरी कविताएँ

एक निर्णायक वक्तव्य की तरह प्रारम्भ होती युवा कवि एवं आलोचक लहरी राम मीणा की कविताएँ बिना किसी शोर-शराबे और बलाघात के हमारी चेतना को स्पर्श करती हैं। ये कविताएँ महानगरीय हड़बड़ी में हांफती-दौड़ती नहीं दिखतीं वरन एक धीमी और विश्वसनीय चाल से आगे बढ़ती हुई अपने गंतव्य तक पाठक को साथ ले जाने का प्रयास करती हैं। इसीलिए इन कविताओं में बौद्धिक चकाचौंध और शाब्दिक चकर-पकर की भीड़ भरी बस्ती में घुसने की अपेक्षा एक शांत और मर्यादित भावक्षेत्र की ओर जाने वाली पगडंडी पर चलने की प्रवृत्ति देखी जा सकती है। स्मृतियों में बसे हुए प्रेम की कामना इस कवि को बार बार इस रास्ते पर खींच लाती है : 'इसलिए/मैं लिखता हूँ/कविता में कोई ऐसा शब्द/जिसका अर्थ प्रेम ही हो।'

यह जानते-बूझते हुए भी कि उसकी समस्या कुछ और भी है, '...अभीतो/दूर करना है उन अंधेरों को/जो जमा हैं/ इस घर में वर्षों से/अभी तो/चलना है कोसों दूर'।

कवि का यह अंतर्द्वंद्व और बहुआयामी चिंताएँ इस संग्रह की कविताओं को एक विस्तृत लय प्रदान करती हैं।

महानगरीय परिवेश में ग्राम्य जीवन की सहज अनुभूतियों के घुलने से जो संश्लिष्ट अनुभव होता है, वह कवि की रचनात्मक संवेदना की आंच में पक कर, एक अलग तरह का रसायन निर्मित करता है। यह सतर्क किंतु सादगी भरा भावबोध इन कविताओं की रचना में बहुशः परिलक्षित होता है। इसी कारण इन कविताओं में गांव और शहर की आरोपित आक्रामक मुठभेड़ नहीं है, जैसा कि इस भांति की बहुतायत में लिखी जा रही परिपाटीबद्ध (लकीरपीट) कविताओं में मिलता है। यहाँ गाँव की जगह गाँव है, शहर की जगह शहर ; और इनके मध्य घटित अंतःक्रियाओं का सानुभूतिक चित्रण। यहाँ नगरीकरण का दबाव भी है तो गाँव और नगर के मध्य की द्वंद्वात्मकता एवं उसके बीच पनपता सामंजस्य भी, जैसा कि हमारे दैनंदिन जीवन

में घटित होता दिखाई भी पड़ता है।

कल्पना की जा सकती है कि किसी कवि के अंदर कितना संत्रास और कितनी घुटन भर गई होगी, जब वह तीर- चाकू- तलवार- बंदूकों, साँप- बिच्छू- गोरिये- बघेरों, आग- धूप-काँच-कांटों से न डरने वाला कवि यह कह उठता है : 'मुझे डर लगता है/बुद्धिजीवियों और सज्जनों से'। यह सपाट सी लगने वाली उक्ति कविता में गहरी विडम्बना को अभिव्यंजित करती है। इतिहास साक्षी है कि सज्जनता की खाल ओढे हुए शातिर बुद्धिजीवियों की चालबाजियों के कारण ही मानवता बारम्बार रक्तरंजित होती रही है और आज तो सारा संसार ही विनाश के कगार पर खड़ा है।

कवि की संकल्पना हर परिस्थिति में आगे बढ़ते रहने की है। उसे अपनी बूढ़ी माँ की आंखों का इलाज कराना है, पिता के सपनों को पूरा करना है, बहिन के हाथ पीले करने हैं, पत्नी की उम्मीदों को पूरा करना है। इन परिवारिक जिम्मेदारियों को पूरी करने के राग-चाव में कवि अपने सामाजिक उत्तरदायित्वों को भी नहीं भूलता। 'अभी तो' कविता में बहुत सारी जिम्मेदारियों की सूची कवि को यह कहने को विवश करती है कि, नहीं रुकूँगा, नहीं झुकूँगा/ नहीं थकूँगा अभी तो/चलना है कोसों/जाना है कोसों दूर/अभी तो...।

किंतु लहरीराम का कवि यह भरोसा कमजोर नहीं होने देता। यहाँ हम आत्मविश्वास से भरे हुए एक कवि को देखते हैं जिसे विश्वास है कि सब कुछ छूट जाने पर भी कुछ न कुछ अवश्य बचा रहता है। जरूरत है उस बचे हुए को देख पाने और सहेजने वाली सकारात्मक दृष्टि की।

जीवनमूल्यों के प्रति निष्ठा, सहजता का सौंदर्य और सादगी की आभा इन कविताओं की विशेषता है। आशा की जानी चाहिए कि कवि 'जिस उम्मीद से निकला', उसे पूरी करने में यह कविता-संग्रह एक उल्लेखनीय संवेदनशील प्रयास के रूप में जाना जाएगा।

—इंदुशेखर तत्पुरुष

शब्द और संवेदना के सौंदर्यबोध की कविताएँ

कविता को साहित्य की सबसे कठिन विधा माना जाता है क्योंकि विराट को लघु रूप में व्यक्त करने का माध्यम यही है। कविता ही हिंदी साहित्य में नये शब्दों को गढ़ती है। फिर इन शब्दों को गद्य स्थापित करता है। इसलिए कवि, आलोचक नंदकिशोर आचार्य कहते हैं कि कविता करना जोखिम भरा और चुनौती का काम है। इस चुनौती को 'जिस उम्मीद से निकला' संग्रह की पंक्तियों में युवा कवि एवं आलोचक लहरीराम मीणा ने बखूबी स्वीकारा है और कविता के मापदंडों पर खरे भी उतरे हैं। कुछ बदलने के लिए कविता की पंक्तियाँ : रोज कई मासूम बच्चे/अपने ही आश्रयदाता की/दरिंदगी के/हो जाते हैं शिकार/कई हजार मजदूर, किसान, दलित, और युवा बेरोजगार/करते हैं कोशिशें/कुछ बदलने के लिए ...। कवि के मन, विचार और जीवन दर्शन को अभिव्यक्त करती है। कहते हैं कि कविता सदैव करुणा की कोख से जन्म लेती है, यह कविता इस लक्ष्य को पुष्ट करती है। रचनाकार जहाँ यथार्थ का चित्रण करता है वहीं उस यथार्थ से उठने वाले सवाल भी पाठक को बताता है, इसमें कवि ने यही काम किया है। जब तक सवाल है, तब तक जीवन है, कविता है।

'आँसू', कविता में कवि ने संवेदना को बड़े फ़लक को चंद शब्दों में लिखा है। मानव मन रिश्ते की संवेदनात्मक पड़ताल है इसमें। बदलते अर्थ को भी रूपायित कर दिया है। भाव और संवेदना के अलग-अलग बिम्ब चंद शब्दों में रख देता है यह कुशल कवि का काम है। डॉ. लहरीराम मीणा सच में शब्द और संवेदना के बड़े चितेरे कवि हैं।

मुखौटा, किलकारी, नीम का पेड़, दर्द, नामुमकिन आदि कविताओं में भी संवेदना की गहरी पड़ताल है। बेबाकी के स्वर हैं और गहरे अनुभव की भाषा है जो इस युवा कवि को बड़ा कवि बनाती है। साहित्य मूल रूप से है क्या, सत्य का संवेदनात्मक अन्वेषण है? यही काम कवि ने अपने इस संग्रह की हर कविता में किया है। प्रतीकों का उपयोग कवि के गहरे अध्ययन को भी दिखाता है। क्योंकि साहित्य असल में सौंदर्य के प्रतीकों में छिपा होता है, इस पैमाने पर भी यह युवा कवि पूरी तरह सफल है। भाव, विचार संवेदना का सुगठित गुलदस्ता है। युवा कवि और आलोचक डॉ. लहरीराम मीणा का यह काव्य-संग्रह 'जिस उम्मीद से निकला' भविष्य के लिए कई सकारात्मक संभावनाएँ जगाता है।

—मधु आशावादी आचार्य

अनुक्रम

शहर का दिनमान

रची गयी हैं
बहुत सी दंतकथाएँ
कहानियाँ और उपलब्धियाँ
अनेक भाषाओं और विषयों में

आज भी
कम नहीं हुई
इस शहर की
शान-ओ-शौकत

पढ़ा जाता आज भी
दूर-दराज के देशों में
इस शहर का इतिहास
धर्म और संस्कृति

आता है जब
कोई अजनबी
पहली बार
नहीं जाता फिर
लौटकर
आ जाता है
उसके आड़े
इस शहर का दिनमान

चाहता है वो भी
इस मान-सम्मान से भरे
इस हरे-भरे-जंगल के बीच
अपना भी एक
हरा-भरा पेड़।

तुम ही मेरे शब्द हो

हम
एक ही शहर में
पढ़े-बढ़े

तुम
इस शहर में
नहीं हो अब

तुम्हारे अन्दर
चल रहा था मैं
लेकिन
नहीं हूँ अब
तुम
अब भी घूमती हो
मेरे भीतर
किसी उद्दीप्त विचार की तरह

नहीं भूला जा सकता
स्मृतियों के शहर को अचानक
आज भी
जानता और देखता हूँ
इस शहर को
तुम्हारी निगाह से

मैं
इस शहर का हूँ
और शहर मेरा

पाया बहुत कुछ इससे
जो तुम जानती हो
आज भी
स्मृतियों में है

तुम ही मेरे शब्द हो
बनता हूँ रोज इससे
बिगड़ता भी हूँ इसी से

मेरी दुनिया इसी में
रचती है
अपना विन्यास
और मैं
उसमें विन्यस्त
हो जाता हूँ।

कुछ बदलने के लिए

पहले की तरह
नहीं करता मन
अखबार पढ़ने का

लहू में डूबी रहती है
हर नज्म
निचोड़ो तो आती है
कई दिनों की दुर्गंध

कई दफे इन सब पर
बहुत कुछ सोचता हूँ
और लिख-लिख के
काट देता हूँ

रोज कई मासूम बच्चे
अपने ही आश्रयदाता की
दरिंदगी के हो जाते हैं
शिकार
कई हजार मजदूर, किसान
दलित और युवा बेरोजगार
करते हैं कोशिशें
कुछ बदलने के लिए
अक्सर

उनकी कोशिशें
कभी कलम से पहले
कभी कलम के बाद
कभी-कभी
कलम से ज्यादा
प्रभावी और असरदार होती हैं।

बुद्धिजीवी

मुझे तीर, चाकू
तलवार, बंदूकों से
डर नहीं लगता

मुझे साँप, बिच्छू
गोरिए, बघेरों से
डर नहीं लगता

मुझे आग, धूप
काँच और काँटों से
डर नहीं लगता

मुझे डर लगता है
बुद्धिजीवियों और सज्जनों से।

ताश की चालें

सड़क किनारे
गाँव के बाहर
नुक्कड़ वाली
चाय की दुकान

सामने पड़ी
टूटी मेंजों और
नीम की घनी छाँव के बीच
ताश खेलते चार लोग
अपने खाली समय को
भरते कुछ तमाशबीन

तमाशबीन
भीड़ के बीच
लेकिन
ताश की चालें
वही रहती हैं
चाल-दर-चाल

कुछ भी
नहीं बदलता
पूरे दिन
कभी कोई

नया चेहरा भी
उभर आता है
चालों के अलावा

बाकी अन्य तमाशबीन
बड़े मनोयोग से
देख रहे होते हैं
चुपचाप।

नहीं बिकता अन्नदाता

आज के समय की सबसे
बड़ी खबर है
आदमी का बिकना

योग्य-अयोग्य
गुण-अवगुण
नहीं देखा जाता अब
देखी जाती है उसके बिकने
की कीमत

शर्म से नहीं
बड़े गर्व से
हजारों-लाखों या करोड़ों
में नहीं
कौड़ी-कौड़ी में भी
बिकता है आदमी

आज बिकती है बाजार में
भारतेंदु के 'अंधेर नगरी' की तरह
हर चीज टके सेर
नहीं बिकता तो सिर्फ
इस देश का अन्नदाता
जिस पर नहीं लगाता कोई बोली।

तुम्हें अर्पित करूँ कैसे

न सही
तुम्हारे मन में
मैं कहीं
यादें रूपी अंधेरों में ही सही

हृदय से थक कर
जब-जब
खुलेंगी आँखें
पायेंगी तुझको वहीं
जहाँ पहली बार
इस मन को बोली थी
'मैं तुम्हें पसंद करती हूँ'

नहीं मानता मन
चाहे तुम
इसे मानो या न मानो
तुम्हें जीवनभर
मानता रहेगा

अब मेरे पास
बचा नहीं कुछ
जो तुम्हें
अर्पित करूँ

तुम्हारा दिया तुम्हें ही
अर्पित करूँ
तो कैसे...?
नहीं मानता
यह मन

क्यों बढ़ाऊँ
तुम्हारा संताप?
मैं खुद ही
हमेशा के लिए
डूब जाऊँ
ग्लानि में

पर तेरा दिया
तुझे ही अर्पित करूँ
तो कैसे...?
नहीं मानता
यह मन...।

नीम का पेड़

घर के आँगन में
नीम के ठीक नीचे
बैठक थी दादा की

चिलम पीते दादा
हुक्के के धुएँ
और
तम्बाकू का स्वाद
लेते हुए
करते थे
देश-दुनिया
और समाज की बातें
घुमाते थे
हुक्के को
एक-दूसरे के पास

तम्बाकू में था
पीने का स्वाद
धुएँ से खींचते
रहते थे रस
और रस को नहीं
होने देते थे धुआँ

बचाए रखना चाहता हूँ
चौपाल
चौपाल का बतरस
बतरस की बताशे-सी मिठास
मिठास को इर्द-गिर्द
घेरे चींटी-चींटियाँ
और
जी लेना चाहता हूँ
वह थोड़ी-सी मिठास
मैं भी
अपने शहर के
कसैलेपन के संताप से
बचने को
सहने के लिए।

चमकता चाँद

आती है जब
तुम्हारी याद
हर समस्या
हर थकान
भूल जाता हूँ

देखता हूँ चाँद जैसी
पूर्णिमा तुम्हारे भीतर

प्रेम में होता हूँ
जब
क्या माता-पिता
और
क्या मन्दिर-मस्जिद
सब को भूल जाता हूँ

देखता हूँ मैट्रो में
तुम जैसी
युवतियों को
तो उसमें चमकता चाँद
तुम्हारा ही दिखायी देता है

सोचता हूँ रखूँ
तुम्हें
अपने जीवन की डायरी में
मोरपंख की तरह
ताकि हर पल संग
तुम्हें
लिया रहूँ।

एक आदत-सी

तुम हो या न हो
रहती है उपस्थिति
सदैव तुम्हारी

करता हूँ महसूस
तुम्हें
हर-पल
तुम्हारी अनुपस्थिति को

रहती हो
हर पल, तुम
मेरे पलकों की
छाँव में

हो गयी
एक आदत-सी
अब तुम्हारी।

जिम्मेदारियाँ

घर में
बड़ा होना
चलना है
जिम्मेदारियों के
रास्तों पर

रास्तों पर
चलना ही नहीं
बदलना भी है
काँटों से भरे
रास्तों को
फूलों में

बड़ा होना ही
चलते रहना है
बिना थके
बिना हारे
उन रास्तों पर
जो ले जाए
खुशहाली और समृद्धि की ओर
आने वाली पीढ़ियों को

बड़ा होना
जानना और समझना
भी है

उन रास्तों को
जो रह गए पूर्वज
जाने-अनजाने में
किसी कारण से
अनभिज्ञ
न जाने
क्या मिल जाए

बताना है उनको
जीवन के मायने
जो नहीं जानते
आज भी
बताना है उन रास्तों को
जो नहीं चले कभी

नहीं चलना
उन रास्तों पर
जो ले जाए
अज्ञानता और अशांति
की ओर

चलना है तुम्हें
हर उस
रास्तों की ओर
जो ले जाए
प्रगति और खुशहाली की ओर

घर में
बड़ा होना
चलना है
जिम्मेदारियों के
रास्तों पर...।

मूँद लेती अपनी पलकें

मूँद लेती है
वह अपनी पलकें
अंधेरों में नहीं
उजाले बंद कमरों में
करना चाहती है
खुलकर प्यार

वह समझ जाती है
मेरे चेहरे के मौन को
कर देती है समर्पित
अपने को

जाने क्या याद आया
उसे अचानक
छलछलायी आँखों से
गिरने लगते हैं
बारिश की बूंद की तरह
टप़-टप-आँसू

सम्पूर्ण देह
हो जाती है बर्फ
हाथ-पैरों से

छूटने लगती है
कँपकँपी
यह सब देखके
हो जाता हूँ व्याकुल

उसे सोच-सोचकर
अन्दर-ही-अन्दर
लगता हूँ सकपकाने
छुपा लेता हूँ चेहरा
उसके घुंघराले केशों के बीच
और
मूँद लेती है वह
अपनी कोमल पलकें।

मुस्कुराता लड़का

सुन्दर लड़कियों के
कपोलों पर
चिपकाता फ़ब्तियाँ
मुस्कुराता लड़का

डर नहीं उसे
इस जग का
वह जानता है
जग भी तो
रस लेता है
इन कपोलों का।

दिल के दरवाजे

तुम्हारे लिए
मान लेता हूँ
अपराधी हूँ

पर नहीं किए थे
दिल के वे दरवाजे
कभी बंद
जहाँ से तुम
आ सकती थीं भीतर

तुमने देखी ही नहीं
वह एक और खिड़की
जो सामने से ही
खुली हुई थी
पूरी तरह।

यादों के फर्श पर

यादों के फर्श पर
बिखरे हुए
रंग-बिरंगे
एहसासों के
मोती समेटता हूँ
फिर
बिखेरता-समेटता
रहता हूँ
बार-बार

पलटकर
देखता हूँ
तुम्हारे ही बनाये
रंग-बिरंगे फूल
नजर आते हैं
बार-बार।

तुम जैसा

मैं नहीं हो पाया
तुम्हारी नजर में
तुम जैसा

और तुम
जो भी हो
नहीं हो पायी
मेरी नजर में
मुझ जैसी

तुम्हारी नजर में
मैं
तुम जैसा होना चाहता हूँ
और चाहता हूँ
तुम हो जाओ
मुझ जैसी।

किलकारी

अरसे बाद
आँगन में
गूँजी
एक किलकारी

मैंने उसे
गोद में उठाया
और चूम लिया।

अधूरे-शब्द

जिस अधूरे
शब्द को
पूरा करने की
कोशिश करता हूँ
पता नहीं
क्यों और कैसे?
नहीं हो पाता है
शब्द पूर्ण
लगता है डर
कहीं अर्थ का अनर्थ
न हो जाए

जिस शब्द को तुमने
वर्षों पहले
आधा-अधूरा
छोड़ दिया था
तुम
उस अधूरे शब्द को
पूर्ण करोगे
एक दिन
इसी आशा में
उस अधूरे शब्द का अर्थ
आज भी

तुम्हारी दी हुई
डायरी के पन्नों में
ढूँढ़ता हूँ
बार-बार।

झूठ, फरेब का रचाव

जूठ, फरेब, नकाबों की जिंदगी तुझे मुबारक हो
मुझे मेरे बाजुओं पर अब भी एतबार है।

बोलते रहते थे जो अपने को झूम में
वो आज कहीं नजर नहीं आते दुनिया में।

कौन है जो मुझे रातों में जगाता है
किसी को इन्तजार है अब भी मेरा।

देश वही है, बाजार वही है, समाज वही है
आदमी भी वही है
बस खरीदने, बेचने, बिकने और बिकाने के
तरीके बदल गए हैं।

कर लो तुम झूठ फ़रेब का रचाव
मुझपे जोर-जुल्म
जिस दिन मेरे अंदर का समंदर उठेगा
उस दिन नहीं रह पायेंगी
तुम्हारी फरेब की कश्तियाँ नदिया किनारे।

मुखौटा

सोच रहा हूँ
मैं भी
जमाने की तरह
बदलूँ अपने को
सच को त्याग
पहन लूँ
नकाब झूठ का

नहीं कोई
आवश्यकता
अब सच की

जिस तरह
बदलते हैं लोग
अलग-अलग नकाब
बना लूँ
मैं भी
नकाब बदलने की आदत
नहीं होगा फिर
मुझे भी कष्ट
सुकून ही तो चाहिए
आज के इंसान को

आगे-पीछे
दायें-बायें
ऊपर नीचे
रहते हैं
नकाब बदलने वाले प्राणी

रहना है
इस जमाने में
तो
बदलना ही होगा
तुझे भी अपना
सच का नकाब

कैसे रह पायेगा
अपने सच के
नकाब के साथ
उतारना ही होगा
तुझे भी
सच का नकाब

सोच रहा हूँ
मैं भी
दुनिया की तरह बदलूँ
अपना नकाब/पहन लूँ
चमकीला मुखौटा।

बहुत कुछ है बारिश

उत्साह, जिजीविषा, उमंग
और
जुनून का प्रतीक है
बारिश

उम्मीदों के पंख हैं
बारिश
सपनों को संजोये रखती है
बारिश

पशु-पक्षियों का जीवन संवारती है
बारिश
प्राणों की जीवंतता है
बारिश

बारिश की बूँदें
बूंदों का पानी
करता है सुन्दर
वसुन्धरा को

बारिश का कर्म है
बरसना
मनुष्य का कर्म है

संजोये रखना
लोक-उत्सव है
बारिश
बारिश केवल
बरसना ही नहीं
और भी
बहुत कुछ है
बारिश...।

अद्भुत-शक्ति

पेड़ पर बैठी
सतरंगी चिड़ियाँ
बार-बार आवाज निकालती हैं
जैसे कुछ शगुन होने वाला हो
उस आवाज को सुनकर
मेरा हृदय प्रफुल्लित होने लगता है

और न जाने
उनके कलरव को सुनकर
कहाँ से आ गई
मेरे अन्दर एक अद्भुत-शक्ति
भर गयी है मेरे अन्दर
एक अनोखी-सी मुस्कान

अब आस-पास के फूल भी
मुझे अच्छे लगने लगे हैं।

जानने से पहले

देखते नहीं
अब लोग मुझे
जिस तरह
देखते थे
जानने से पहले

रख़ते हैं कुछ लोग
हर वक्त
नकाब अपने साथ
और
हम समझ बैठते हैं
उन्हें अपना करीबी।

बड़ का पेड़

गाँव के कोने में
खड़ा था
बरसों से
वह एक अकेला ठूँठ
बड़ का पेड़
जो कभी हरा-भरा
लहलाता था
सम्मान का था वह प्रतीक
कभी गाँव के लिए
देता था आने-जाने
वाले राहगीरों को
राहत

बसते थे अनगिनत
उनके कोटरों में
विभिन्न प्रजातियों के पखेरू
मैं
उसे बड़े चाव
और
प्रेम से देखा करता था
अपने बचपन में

वह ताकता था
लहलहाते फूल-पत्तों के साथ

अपने गांव को
सुनता रहता था
पक्षियों की मधुर
कलरव ध्वनि
गूंजते थे सूर्योदय के साथ
भिन्न-भिन्न पक्षियों के
मधुर-मधुर संगीत

वह बड़ का पेड़
मुस्कुराता रहता था
हँसते-खेलते
उछल-कूद करते...
बातें करते...
आलिंगन करते...
v l{k; itkfr / प्रजातियों के
युगलों को देख-देख के

मैं सोचता हूँ
उस बरगद की दुर्दशा
को देखके
कभी हम भी
हो जायेंगे
इस पेड़ की तरह
निरीह और सूखे
ठूँठ की तरह
अकेले...
जिस तरह बड़ का पेड़
बाहर से हरा-भरा
दिखता है जमाने को
वैसे हम भी एक दिन
समाज के लिए हरे-भरे
दिखेंगे।

जैसे पेड़ की जड़ें
निकल आई हैं
बाहर
अब उस पर नहीं देता
कोई ध्यान
उसी तरह हमको भी
जड़ों की तरह नहीं देखेगा
कोई एक दिन....।

आँसू

बदलते हैं आँसू भी
अपना रूप
आँखों में थे कभी
खुशी के आँसू
हो गये अब
किसी की
यादों के आँसू।

अभी तो

ठान लिया है मैंने
जान लिया है मैंने
नहीं झुकूँगा, नहीं थकूँगा
नहीं रुकूँगा
नहीं मानूँगा अपनी हार
अभी तो चलना है कोसों दूर

अभी तो
बूढ़ी माँ की आँखों का
कराना है इलाज
और वृद्ध पिता के सपने
को करना है पूरा

अभी तो
पत्नी की उम्मीदों को
करना है पूरा
और बिन-ब्याही बहन का
करना है पीला-हाथ

अभी तो
मनुष्यों के वेश में छिपी
हैवानियत को
करना है खत्म

और मनुष्यता को बचाना है

अभी तो
जानना और पहचानना है
उन मित्रों को
जो मित्र होकर भी बने हैं शत्रु

अभी तो
सचेत करना है मासूम बच्चियों को
उन बहेलियों से
जो ताक लगाये बैठे हैं वर्षों से

अभी तो
हो गये जो इस दुनिया में
अनाथ, असहाय और कमजोर
बनना है उनका संरक्षक

अभी तो
लुटती हुई अस्मिता को बचाने की
पहुँचानी है खबर
उन परिवारों को
जो कर रहे हैं उम्मीद

अभी तो
मासूम बच्चे की आँखों में
उड़ान भरते सपनों को
करना है साकार

अभी तो
बचाना है जीवन-मूल्यों को
जो लुप्त होते जा रहे हैं समाज से

अभी तो
दूर करना है उन अंधेरों को
जो जमा है इस घर में वर्षों से
अभी तो चलना है कोसों दूर

नहीं रुकूँगा, नहीं झूकूंगा
नहीं थकूँगा अभी तो
चलना है कोसों
जाना है कोसों दूर
अभी तो.....।

पता ही नहीं चला

कब हो गयी चाहत
मुझे उससे
पता ही नहीं चला
बातों ही बातों में

वो चाहत
कब हो गई तब्दील
मीठे एहसास में
पता ही नहीं चला
अब उसे
सुनता हूँ ऐसे
जैसे नयनों में कर्ण बसे हों

अब उसकी यादों में
उसकी नजाकत में जीता हूँ
पिय की दृष्टि हो गयी
अब भूख की संतुष्टि
उसके ख्यालों में जीता हूँ
हर-पल
हर-लिबास में दिखती है
वो एक अप्सरा।

रात के अन्धकार में

देखता हूँ हर-पल
उसे उजालों जैसी
उसकी हँसी की ध्वनि
गूंजती है दीवार के कोनों में
पता नहीं चला उससे
मुझे
कब प्रेम हो गया।

अब हुआ ऐसा

अब वो घनेरी रातों में भी
उजालों जैसी दिखती है
पलकों की सुन्दर सेज पर
रहती है सदा विराजमान

जब भी उसे याद करूँ
पाऊँ हर पल अपने पास
दृश्य में आँखें पायी सदैव
सुन्दर परियों के साथ

हृदय में दुःख का पहाड़ लिए
चेहरे पर सुख का आसमां
दृश्य से थक कर जब-जब
आँखें पायी उसे
हो जाती सदा ओझल
अब हुआ है ऐसा
पहले तो ऐसा नहीं हुआ कभी।

तुम्हारी याद

तुम नहीं हो
मेरे पास
फिर भी रहती हो
मेरे साथ
आती है याद
हर वक्त
तुम्हारी
हर एक छोटी बात
यही सोच-सोच के
कट जाती है सारी रात।

दर्द

सता रही है चिंता
एक-दूसरे को
एक-दूसरे की
लेकिन
कह नहीं पा रहे हैं
एक-दूसरे से
एक-दूसरे का दर्द।

नामुमकिन

तुम्हारे
जरा से प्यार में
इतना
गहरे में डूबा
जिससे निकलना
मुश्किल ही नहीं
नामुमकिन है

तुम
बेशक अब इसे
हल्के में ले रही हो
लेकिन
जब तैर के
ऊपर आऊँगा
तब
थारा सच
सुनने को
मैं नहीं रहूँगा।

---

* थारा - तुम्हाराड

अदृश्य चेहरा

खुलती हैं नींद से अचानक
जब मेरी आँखें
गिरने लगते हैं आँखों से
टप-टप आँसू
याद आता है
माँ का अदृश्य चेहरा
झरने की तरह
शीतल प्रेम और वात्सल्य से भरा।

रिश्ते

कच्चे धागों की तरह
हो गये
आज के रिश्ते और संबंध
थोड़ा खीचों तो टूट जाते
और जोड़ो तो
गाँठ बंध जाती है।

प्रेम का हाथ

इतना कुछ था
उससे
लड़ने-झगड़ने को
वर्षों से संकलित
झूठ की शक्ति
जरा से सच में
हो जाती विशृंखलित

मन में ऐसा हुआ
उनका किया अत्याचार
भुला बैठा पल में
और
बढ़ा बैठा
प्रेम का हाथ।

आग

ईर्ष्या रूपी आग में
जला हुआ है सारा संसार
आग प्रकृति में ही नहीं
सारी मानव जातियों में भी है
आग में ही नहीं है आग
मनुष्य में भी है आग
नहीं है कोई इसे बुझाने वाला

जैसे चलती है हवा
वैसे ही बढ़ती है ईर्ष्या की आग
इसी आग में जला हुआ है
जगत का सारा मानव
आग, आग में ही नहीं
मनुष्य में भी लगी हुई है आग
नहीं है कोई इसे बुझाने वाला।

एहसास

सोचता था
कितनी
सुन्दर होगी
यह दुनिया

जिसके आग़ोश की
किलकारियों से
तारतार होता रहता था
मेरा अपना स्वप्नलोक

आज एहसास हुआ
तुम्हारे ही आने पर
कि सच में
कितनी सुन्दर है
यह दुनिया

यकीन मानो
यह बिल्कुल
सुन्दर नहीं लगती
अगर तुम न
आई होती
मेरे आँगन में।

तुम्हारी उपस्थिति

जरूरी नहीं है
तुम्हारा होना
न होकर भी
तुम हो मेरे साथ
स्मृतियों में घुल रहे
हो निरन्तर

एक-दूसरे के लिए
सोचना ही प्रमाण है
दोनों की उपस्थिति का।

धीरे से बोलता आईना

बढ़ गईं अब
मेरी जिम्मेदारियाँ

बाहर से दिखता है घर
फूलों से भरा
सच पूछो तो
फूलों से ज़्यादा
काँटों से भरा है घर

ललाट पर लकीरें
चेहरे पर झुर्रियाँ
दिखने लगी हैं

पास आकर
धीरे से बोला आईना
आप दिखने लगे हैं
पिता की तरह
कुछ-कुछ......।

गाँव की याद

बैठता हूँ जब
एकांत में चुपचाप

याद आता है गाँव का
खिलखिलाता चेहरा
एक-एक कर

आती हैं यादें
धीरे-धीरे
शहर में बैठे हुए

मन करता है तब
शहर के कसैलेपन से
दूर भाग जाने का

बड़े याद आते हैं जब
खेत-ख़लिहान, तीज, त्यौहार
अपने-पराये
घूमते रहते हैं
मन में
बार-बार

तब
मन करता है
गाँव को लौट
जाने का......।

प्रेम की रेखा का जीवंत अंकुर

मैं
जब भी छूता हूँ
प्रेम को

वह शर्माता, लजाता
और डरा हुआ सा
फिसल जाता है
रेत की तरह

बिना बताये
चला जाता है
बहुत दूर

संयोग रूपी प्रेम को
वियोग रूपी सपनों में
जाते हुए देखता हूँ
तो व्याकुल हो जाता हूँ

मैंने कई दफ़े सोचा
प्रेम की भाग्य रेखा
सदा कमजोर रही
जब भी छुआ प्रेम को
अपनी आत्मीयता से

नहीं मिला कभी
जीवंत प्रेम

जो मिला
उसको कई भागों में
विभाजित पाया

अब
प्रेम की शक्ति
होने लगी है
कमजोर

नहीं मिलता आज
प्रेम का कोई
जीवंत अंकुर।

एक-दूसरे को

किसने किसे
और
कितना देखा
सता रही है चिंता
एक-दूसरे को
एक-दूसरे की......।

उम्मीदों के पंख

कोई उम्मीद लिए निकलता हूँ
घर से
और उसी उम्मीद के साथ लौटता हूँ
रात को घर
नहीं मिलता/फिर भी कुछ
रहती है उम्मीद
उम्मीद है जो देती है
सुबह से शाम तक
इधर से उधर
दौड़ने की ऊर्जा

इसी उम्मीद के सहारे
अब-तक जिदा हूँ
इसी के बरक्स करता हूँ
रात-दिन
ईमानदारी से अपना कार्य
उम्मीद ही है जो कराती रहती है
मनुष्य होने का एहसास
इसी उम्मीद के बल पर
देता हूँ
मैं अपनी उम्मीदों को पंख।

अपना बचपन

बारिश के बहते
पानी में
मछली की तरह
छपाक से खेलता
वो बच्चा
पहले से अधिक
सुभग और आकर्षक
लगता है
उसे देखकर मुझे
अपना बचपन
याद आता है।

उस आईने में

नहीं चलता झूठ का
नकाब
बहुत दिनों तक
देर सबेर लग ही
जाता है झूठ का पता
उस दिन नहीं करते
सच का दावा
गिर जाते हम अपनी
ही नजरों में
नहीं देख पाते हम
अपने को
उस आईने में
रोज की तरह
अपना चेहरा।

सच का आईना

कभी-कभी
कोई पल
जीवन के सच का
आईना दिखा जाता है

फिर भी हम
सच को
स्वीकारने
के लिए सहमत
नहीं होते...।

वह आएगा शहर से

मैं उनके इन्तजार में
बैठी हूँ
वो आयेगा
शहर से
लाएगा मेरे लिए
लहँगा, चूड़ी, कंगन, बिंदी
मुझसे वादा करके गया था

जब मैं वापस आऊँगा
ढेर सारी चीजें लाऊँगा
ना वो आया
ना उसकी चीजें
मैं उसके इन्तजार में
बैठी हूँ

जब से शहर गया
तब से गाँव की तरफ
मुड़कर नहीं देखा
उसे याद ही नहीं रहा
किसी से किया वायदा
आज भी बैठी हूँ
इन्तजार में
जो गया है
कहके
वापस आएगा...।

उत्सव

आँखों के आँसू
मन की उदासी
मस्तिष्क की चिंता
काली अंधेरी रातें
संशय का डर
और पूछते हो
कैसा रहा उत्सव!

हे प्रिये!

हे प्रिये!
अगर मैं
भूल पाया
कभी
कविता लिखना
तो समझना
भूल जाऊँगा
मैं
तुम्हें भी।

प्रेम की गुणवत्ता

लिखता हूँ
कविता में
कोई ऐसा शब्द
जिसका अर्थ
सार्थक और समरस हो

बताना चाहता हूँ
उन लोगों को
उस अर्थ की अहमियत
जो नहीं जानते
आज भी
बहुत लोग

कुछ ऐसे लोग बचे हैं
अभी भी
जिनको बताना है
कविता की सार्थकता
प्रेम ही है

जो नहीं जानते
आज भी
प्रेम की गुणवत्ता
इसलिए

मैं लिखता हूँ
कविता में
कोई ऐसा शब्द
जिसका अर्थ प्रेम ही हो।

पूरे यकीन से घर लौटा

आज उम्मीद लिये निकला
घर से
इधर से उधर घूमता रहा
दिन-भर
सारे दिन मिलता रहा लोगों से
और अपने सच को बताता रहा
सभी ने मेरी बातें गौर से सुनीं
और मुझे न्याय की किरण नजर
आने लगी
निकला घर से सुबह बिन खाये-पिये
फिर भी पेट की भूख ने नहीं किया परेशान
चिंता और चिंतन में डूबा रहा
अपनी बात स्वाभिमान से रखता रहा
और सच को लोग स्वीकारते रहे
नहीं मिला मुझे कहीं कोई अपमान
मिला मुझे सब जगह सम्मान
अपनी मनुष्यता की नजर से
सबने मेरा विश्वास किया

नहीं हुआ महसूस मुझे
कहीं कोई परायापन

मैं उसी स्वाभिमान से घर लौटा

जिस स्वाभिमान से निकला था

सबसे बड़ी बात तो यह कि
नहीं मिले मुझे दिन-भर
मुखौटे बदलने वाले प्राणी
जिस उम्मीद से निकला था
रात को पूरे यकीन से घर लौटा।

नहीं जानता

नहीं जानता
कैसे आ जाती है
मेरे अन्दर शक्ति
तुम्हारे आने से

नहीं जानता
तुम्हारे कारण ही
मेरे अन्दर की कल्पनाएँ
हो जाती हैं साकार

नहीं जानता
नेपथ्य से ही सही
दिलाना चाहता हूँ तुम्हें
दुनिया के तमाम तमगे

नहीं जानता
क्यों चाहता है मन
तुम्हारे दुःख और मन का
बोझ हल्का करना

नहीं जानता
क्यों चाहता है मन
तुम्हारी लहू की धमनियों

में बहना

नहीं जानता
क्यों चाहता है मन
तुम्हारा तकिया बनकर
रहना

नहीं जानता
तुम्हारा होना
मेरे जीवन में
सब कुछ अच्छा होने
जैसा लगता है।

बहुत कुछ

रहेगा कुछ नहीं
तुम्हारे जाने पर
मेरे पास
सब कुछ तो नहीं
पर रहेगा
कुछ न कुछ अवश्य
बचा हुआ तुम्हारा
मेरे पास
चाहे जितना
समेट ले जाओ
जाते हुए तुम।

दुःख

हे ईश्वर!
इतने भी
अधिक दुःख
मत दे
कि
एक दिन
दुखे ही न
कोई दुःख...।

आठ साल की बच्ची

होगी आठ साल की बच्ची
देह पर चोटों के अनन्त निशान
रिस-रिस कर झरता खून
काट दी है, दरिंदों ने उसकी जिह्वा
नहीं है, तन पर कोई कपड़ा
फैली हुई हैं टाँगें
तार-तार बिखरे पड़े हैं कपड़े
इधर-उधर

झरने की तरह बहता
अंगों से खून
सूजी हुई हैं आँखें
रक्तिम हो गयी है जंघाएँ
उन पर भिनभिनाती
मक्खियाँ

नहीं रही जीने की जिजीविषा
नहीं मिलती अब मनुष्यता
कर दी रक्षकों ने उसकी
मासूमियत और विश्वास की हत्या

हो गये रक्षक ही
उसके भक्षक
नहीं रही अब वह
आठ साल की बच्ची.......।

स्वाभिमान

मेरा नाम स्वाभिमानों जैसा है
चाहे आप...
मुझे प्रताड़ित करो
पीटो, अपमानित करो
मेरे घर में आग लगा दो
मेरे घर में चाहे झगड़ा करवा दो
मुझे दलित, शूद्र, नीच या आदिवासी कहो
लेकिन
मेरे रोम-रोम में
स्वाभिमान का रक्त दौड़ रहा है।

संघर्ष

नहीं लगता डर
मुझे
बाहर के संघर्ष से
लगता है डर
भीतर से...।

सुंदर किताब

वर्षों से खाली पड़ी
कुर्सी पर
जब मैंने तुम्हें
पढ़ते हुए देखा
पहली बार तुम
मुझे
किताब से ज़्यादा
खूबसूरत लगीं।

चौपाल

पुराने घर की
खूंटी पर
अब भी टंगे हैं
दादा की देह से
उतरा कुर्ता और
सिर की पगड़ी

नहीं रहा पुराने
घर से
अब कोई अनुराग

ढाणी के बीचो-बीच
अब भी खड़ा है
बूढ़ा बड़ का पेड़
जो बताता है पुरखों
का इतिहास

देता है
आने-जाने वाले
राहगीरों को राहत
पेड़ को अभी-अभी
काटा गया है
नए पार्क के लिए

जिस पर
पक्षियों का समूह
किया करता था
रात को बसेरा
अब पेड़ नहीं है
पक्षी भी नहीं हैं

सुबह-शाम
पेड़ के नीचे
लगती थी चौपाल
होती थीं
समाज और दुनिया की बातें
अब पेड़ नहीं है
चौपाल भी नहीं है।

संस्कार

बचपन में
बाबा द्वारा
दिए संस्कार
और सलाह
अच्छे लगते थे

अब बड़ा होने के बाद
वहीं न अच्छे हैं न बुरे
हाँ, फीके नजर आते हैं
पर, काम लायक और उपयोगी।

पूर्वजों का घर

मैं कुछ वर्षों से
अपने आप से ही
बतियाता हूँ
पूछता भी हूँ
पुरखों के बनाये घर को
देखता हूँ कई बार
यह घर भी
मुझे लगातार
ताकता रहता है

यह सीर का घर
खड़ा है आज भी
कई पीढ़ियों का
गवाह बन के

जोड़ते थे पूर्वज
अपना भी मान-सम्मान
करते थे गुणगान
इस घर का
बड़े गर्व से
एक-दूसरे के पास

लेकिन अब दिन में

कुछ नहीं बोलता घर
रात को भीतर-ही-भीतर
अपनी पीड़ा के लिए
सुबकता है बेचारा
भरता है सारी-सारी
रात सिसकियाँ

गूंजते हैं इसके
दर्दीले बोल
पूछता है यह
सवाल मुझसे
क्यों आँखें फाड़-फाड़ के
देखता है मुझे
बार-बार
जैसे दे रहा हो उलाहना

क्यों कुरेदता है
मेरे दबे हुए जख्मों को
क्यों करता है
तू मेरी जर्जर स्थिति की चिंता

मैं भी था
मान-सम्मान का प्रतीक
आस-पास के लोग
जो कभी
मेरे आगे से गुजरते थे
अपना सिर झुका के
नहीं करते थे
मेरे सामने
अपनी गर्दन ऊँची
वही लोग
अब मेरे सामने से

बिना देखे
मुँह फेरते हुए
निकल जाते हैं।

फिर सांस लेता
हुआ कहता है
तुम्हारे पूर्वज और भी थे
जो मुझे छोड़ के
वर्षों पहले चले गये

न कोई देखभाल
न कोई हालचाल
न ही कोई पसंद
करता अब मुझे
न कोई अब मेरे पास
रहना चाहता है
न ही कोई बातचीत
करना चाहता है।

झड़ रहा हूँ
गल रहा हूँ
जर्जर हो रहा हूँ
धूल-धूसरित हो रहा हूँ
खोखला हो रहा हूँ
अन्दर-ही-अन्दर

जो कभी
एक-दूसरे से
मुझे अपनाने के लिए
झगड़ते थे
आज सभी
एक-दूसरे से

झगड़ते हैं
छोड़ने के लिए मुझे

पूर्वजों ने शायद
कल्पना भी नहीं
की होगी
कि
एक दिन, मैं
अपने ही लाडलों की
वजह से
जर्जर होकर
ढहूँगा एक दिन

आज भी
मेरे रोम-रोम में
दीवारों के कोनों से
गूजती हैं पूर्वजों की
यादें, उनके वार्तालाप

मैं ताकता हूँ
कई बार
इस सीर के घर को
कई दफ़े सोचता हूँ
सीर के घर की तरह
हमें भी
अपने लाडलों द्वारा
अपमानित कर
बाहर कर
दिया जायेगा
इसी घर की तरह
एक न एक दिन।

कभी तो आओ मिलने

कर ले हरन मेरे मन के अविश्वास को
कर दे सच इस मन के अविश्वास को

कभी तो सुन लिया करो मेरे मन की बात
कभी तो सुना लिया करो अपने मन की बात

जब भी निकलूँ गली, मोहल्ले और शहर से
सुनूँ हर पल तुम्हारे ही कदमों की आहट

देखूँ अंधेरों में भी तुझे उजालों जैसी
बनना चाहता हूँ तुम्हारे जीवन की नाव

आती हो तुम जब नींद के ख़्वाबों में
बनाना चाहता हूँ तुमको ऐसा
जिनको सपनों में देखा करता हूँ

साथ दो मेरे जीवन में, जीत लूँ इस जमाने को
नहीं लगता डर मुझे जीवन के इम्तिहान से
लगता है डर प्रेम के इम्तिहान से

कभी तो आओ मिलने हमारे कहने पर
आखिर कुछ तो सहारा मिल जाए जीने का।

कैमरे में कैद हुआ चेहरा

कैमरे की निगाह में
कैद होता चेहरा
आज का हो गया
फैशन

अपने चेहरे को
कैमरे में
क़ैद करते वक्त
नहीं दिखता कुछ
नहीं रहता उस वक्त
आँखों में पानी (सबकुछ)
हर स्थल का फैशन
हो गया
सैल्फी

बहुत बार
कैमरे की निगाह में
कैद चेहरे
बहुत गहरे में
डूब जाते हैं
फिर नहीं आते
लौटकर

कभी वह
नदी में गिर जाते हैं
कभी
पुल से नीचे
कभी
सड़क पर पहियों के नीचे
कभी-कभी
खाई-कुएँ में

जाने-अनजाने में
कैमरे के आईने में
डूबने वाला चेहरा
नहीं आता
लौटकर वापस
कैमरे में कैद हुआ चेहरा।

घरौंदा

वह बड़ी शिद्दत से
अपनी मौजूदगी दर्शाती है
साँझ ढले बहुत से रास्ते
जगमगा जाते हैं

हर समय
हर चौराहे पर
वह
आने-जाने वाले लोगों को
उम्मीद भरी नजरों से निहारती
कभी तो मिलेगा
काम देने वाला फ़रिश्ता
अब होंगे मेरे भी सपने पूरे
इसी उम्मीद के साथ
हर रोज एक बोतल पानी और कुछ
कपड़ों से बंधी पोटली को लिए
साँझ ढले लौट आती है
उसी निराशा और सपनों को लेकर
ऐसी छत पर
जहाँ रात को पखेरू भी
अपना नीड़ बनाना सुरक्षित नहीं समझते
उस निर्जन और एकांत छत पर
काटती अपनी रात

बलात्कार के डर से
फिर भी महसूसता है वह महफूज खुद को
अपने गढ़े हुए अनजान घरौंदे में
रात इसी खुशी के साथ
काटती है वह रोज
कि सवेरे किसी
दूसरे के बिस्तर पर
नहीं मिलेगी लहू-लुहान...।

कलम

नहीं चाहा कभी
वैभव न दौलत
न मान-सम्मान
न ही कभी की
वकालत

चाहते हैं
भरपेट भोजन
और हाथों में कलम

चाहते हैं हम
सभी के हाथों में
कलम हो
ताकि बदली जाय
अज्ञानता और अदूरदर्शी दुनिया
जो दूसरों के रहम-ओ-करम से
करना चाहते हैं
गुजर अपना जीवन

चाहते हैं हम
वो भी एक कलम से
लिखना
इस दुनिया का भाग्य

एक अस्मिता के साथ

चाहते हैं
सम्पूर्ण अज्ञानता में डूबे
इंसान को
सूझ-बूझ और दूरदर्शिता के
चिंतन मैं
डूबना-डुबाना

चाहते भी हैं
और करतें भी है बार-बार प्रयास
अज्ञानता के गरीबी के रोग को मिटाना
इस घर से

केवल यथार्थ ज्ञान से नहीं समझा सकते
आज के सच को
नहीं समझा सकते
अशिक्षा और अज्ञानता
का परिणाम

चाहता हूँ मैं
कलम से
समाज बदलना
ताकि बन सके
एक सुंदर घर
समाज
पर नहीं कर पाता हूँ ऐसा
हर बार
असफल ही रहती हैं
मेरी लाख-लाख कोशिशें

देखता हूँ अपनी आँखों से
उन घटनाओं और दृश्यों को
जब लगती हैं उन मासूमों की
टके सेर में बोलियाँ

यह परिवार कोई दूसरा नहीं
उन्हीं पिताओं की संतान-पत्नियों का है
जो देखते हैं बिना मेहनत
सब कुछ मिलने का सपना

चिंतन करता हूँ
फिर निष्कर्ष तक
पहुँचते-पहुँचते
परिणाम देख के
नहीं रोक पाता
अपने अश्कों के अश्रुओं को
सोचता हूँ
कैसे जी पाएँगे
ये लोग
आज की दुनिया में
जो बिना परिश्रम के सबकुछ
पूरा करने का सपना
देखते हैं रात दिन...।

समझ

हम
दुनिया में
ज्ञान बेचते हैं

तुम
हमारा ज्ञान खरीदो
हम तुम्हें
समझ देंगे।

सड़क

मैं
जब भी गुजरा यहाँ से
उसे सदैव चिंता में देखा
जैसे
एक भिक्षुक आने-जाने वाले
राहगीरों के मुंह की ओर
ताकता रहता है
कोई तो मेरी
एक दिन सुध लेगा
इस उम्मीद से
काट देता है अपना
सारा जीवन...

मैं जब-जब गुजरा हूँ
वहाँ से
उस गली में
सड़क के अकिंचन टुकड़े
की आँखों में देखा है
उम्मीद से भरा सपना

बदल गए तुम सब
बदल गयीं इमारतें
सब-कुछ हो गया

नया-नया

मैं उसी उम्मीद भरे
सपनों के साथ
तुम्हारा इन्तजार
करती रही

अपने उपर चलने वाले
हर पथिक को
जब एक बदले हुए
रूप के साथ देखती हूँ
तो एक सवाल खुद से ही
कर-करके
थक जाती हूँ

कि
क्या मैं भी
एक दिन
बन पाँऊगी दुल्हन...?

अपना बनाना

हर कोई चाहता है
मुझे अपना बनाना
मैं किसको चाहता हूँ
अपना बनाना
अंतर है दोनों में
मैं किसकी चाहत हूँ
और कौन मुझे चाहता है
शहरी जीवन की तरह
फँसा हूँ उलझन में...।

छाते वाली लड़की

बारिश की झमाझम बूँदों के बीच
हाथ में छाता लिए वह लड़की
मुझे अच्छी लगती है
गिरते हुए पानी के सैलाब को
पेड़ -पोधों की क्यारियों में
मोड़ती रहती है
कितनी चिंता है उसे पेड़-पोधों की
छाता होने के बावजूद भी भीग जाता है
पूरा बदन
ठंड से सिकुड़ती हुई लगातार
करती रहती है
पानी को ज्यादा से ज्यादा
पेड़ों की क्यारियों में मोड़ने का प्रयास
नहीं है उसे बीमार होने की चिंता
जानती है कुछ समय बाद
बर्बाद हो जाएगा यह सारा पानी
हाँ, हो जाएगा बेकार-बर्बाद
पेड़-पोधों को हरा-भरा देखना
लगता है उसे अच्छा
बारिश और मिट्टी से लथपथ
सम्पूर्ण देह
लगती है पहले से अधिक
सुंदर और आकर्षक...।

शहरी बाबू

बहुत दिनों बाद
आई वह
मेरे गाँव में
मैं चाहता था
उससे मिलना
उससे बातें करना
मिलूँगी... मिलूँगी
कहते-कहते
सारा दिन बिता गई
क्या वह भी मुझे
शहरी बाबू
समझने लगी है...।

■ ■ ■